Bruno Weber

B. Weber

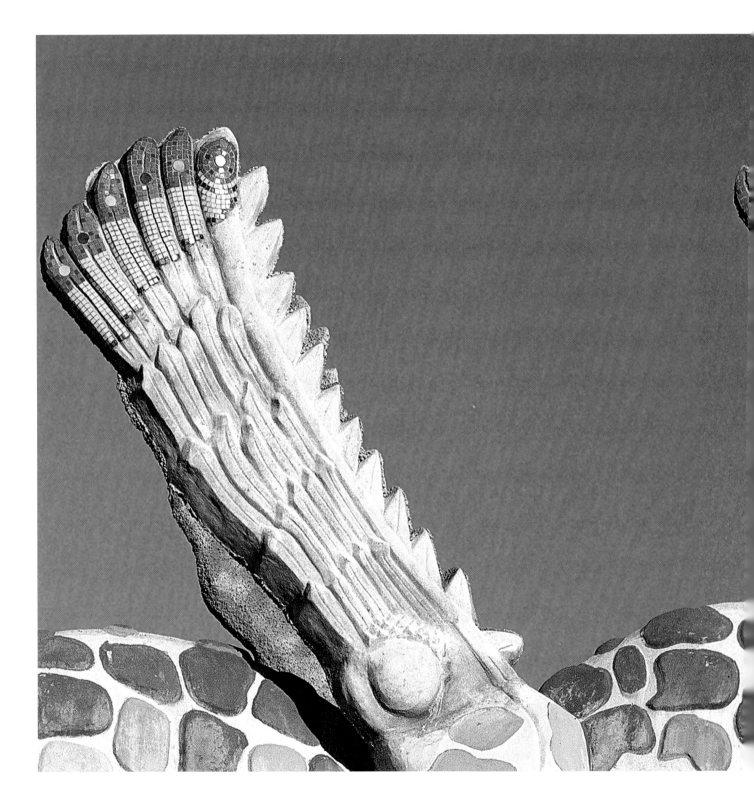

Peter K. Wehrli

BRUNO WEBER

Der Architekt seiner Träume

Fotografien von Robert Elter

Benteli

Selbstporträt
Bruno Weber als Fünfzehnjähriger

Kopfhaus, Südseite
Projektzeichnung

Känguruhbrunnen

Muschelrestaurant
Projektzeichnung

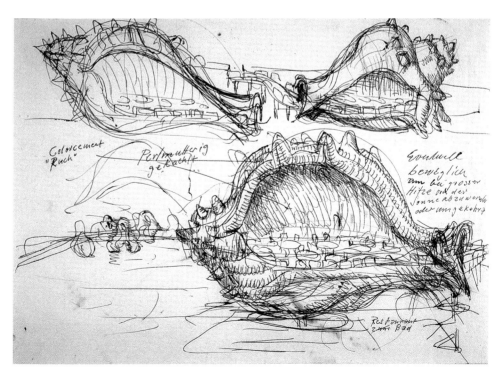

Frühling, Ölgemälde, 170 x 200 cm, 1970

Spreitenbach ist ein Grenzort. Er liegt an der Grenze zwischen zwei Welten: Da ist das ordentlich verwaltete nüchterne Städtchen mit Wohnblöcken, Industriebauten, Einfamilienhäuschen und Büroklötzen. Und da ist das verwunschen wirkende Anwesen im Weinreben-Areal mit seinen wuchernden Fassaden, den sich schlängelnden Brücken, den Geländern aus Gewächs und Tierkörpern. Was dort das nützlichkeitsbestimmte Denken in den Kategorien von Angebot und Nachfrage ist, das ist hier das sinnenvolle Assoziieren, das Ausleben von aberwitzigen Visionen, das Realisieren der eigenen Träume. In einer Zeit, in der unsereiner schon zufrieden ist, wenn wir unseren einstigen Träumen in der Soap-Opera auf dem Bildschirm wiederbegegnen, ist die Leidenschaftlichkeit als Mutakt zu bewundern, mit der sich ein verwegener Träumer daran macht, seine Träume in die Wirklichkeit hinüberzuholen.

Hatte man eben noch die klotzige, kantige Normarchitektur der Shopping-Stadt vor Augen, so bewegt man sich nun wie durch die Seiten eines Märchenbuches: Es ist das Reich des Künstlers Bruno Weber. Hier lebt und arbeitet er zusammen mit seiner Frau, der Fotografin Mariann Godon, und den beiden Töchtern Mireille und Rebecca.

Ahnungslosen Sonntagsspaziergängern stocken die Schritte, wenn ihnen unverhofft die magische Szenerie vor Augen gerät und sie sich dann im Park verlieren, in dem ein Baumstrunk plötzlich lebendig wird, Tiere die Dächer mit ihrem Geweih stützen, Pilze sich im Wald zum Sitzen anbieten, als hätte die ganze Natur keine andere Gier, als mit allem dem Menschen zu dienen. Es ist aber auch umgekehrt: Im Bau der ganzen Anlage hat sich Bruno Weber die Kräfte und den Formenschatz der Natur dienstbar gemacht. Jetzt ist es, als ob sich die Natur dafür bedanken wolle. Sie schickt etwa die Quelle in Menschengestalt und den Stern als Spiegel in Bruno Webers Welt.

Der Eingang hat theatralisches Pathos – besonders in der Nacht, wenn die Lichter in den Geweihen der zehn Hirsche leuchten, die den Weg zum Tor säumen. Die Besucher der Weltausstellung in Sevilla haben die Hirsche 1992 im Schweizer Pavillon gesehen. Dort sind den Hirschen unversehens Flügel gewachsen. Und so ist die Sagengestalt aus dem sachlichen Zürich unter

Peter K. Wehrli

Der Architekt seiner Träume: Bruno Weber

Webers Händen zum umfassenden Symbol ausgeweitet worden: Der «fliegende Hirsch» wird, mit vielerlei Bedeutungen ausgestattet, zum Verwandten der mexikanischen «gefiederten Schlange». Mit diesem Weiterentwickeln einer Grundform oder eines elementaren Motivs zeigt uns Weber auch, auf welchen Geleisen seine Einbildungskraft rangiert und wie sie an Überliefertes ankuppelt. Die Inständigkeit und die Ausdauer, mit der der siebzigjährige Bruno Weber am Werk ist, erweitern die Parkanlage von Jahreszeit zu Jahreszeit um Formen und Figuren, die aus anderen Erdteilen hierher gebracht worden zu sein scheinen. Sie stammen aber alle aus Bruno Webers Imagination. Alle diese fremden Erdteile stecken in ihm. Sie bilden sein Universum. An ihm baut Bruno Weber weiter mit der Begeisterungsfähigkeit eines Jugendlichen und der Inbrunst dessen, der überzeugt ist, dass die kalte Welt der genormten Wohnmaschinen eigentlich danach giert, einer nicht reglementierbaren Fantastik gegenübergestellt zu werden. In der einen, genormten Alltagswelt kann sich nur locker und gelöst zurechtfinden, wer um die Existenz der anderen Welt weiss: «So wie es die Wirklichkeit gibt, so wirklich gibt es die Fantasie». Webers Satz ist nicht nur Wortspiel, er signalisiert die Weigerung, seine Welt als eine «exotische» zu verstehen, zugleich aber auch die Aufforderung, sie vielmehr als das Selbstverständliche anzunehmen, das sie – für ihn – ist. Und er spielt darauf an, wie leicht das eine die Herrschaft über das andere übernehmen kann.

Mit jedem Schritt, den der Waldspaziergänger weiter tut, vermehren sich die irritierenden Zeichen des Unvertrauten, die Signale des Rätsels verdichten sich. Fabelwesen irrlichtern zwischen den Stämmen, die Sitzbank am Weg hat ein Faunsgesicht, auf Lichtungen grasen vielbeinige Zaubertiere, eine riesige Schlange wirft sich über den Teich und bietet sich dem Gehenden als Brücke an, damit er trockenen Fusses ans andere Ufer kommt. Blumen haben ein Frauengesicht, Zweige recken sich wie Arme, aus Blüten schnellen Zungen. Es ist, als würden wir ins unsere Kindheit zurückversetzt: Beim Eindunkeln schraffieren die Baumstämme eine Zauberwelt vor unsere Augen, die Grenzen zwischen Wahn und Wirklichkeit beginnen zu verschwimmen. Nein, wir haben nicht etwa die Grenze zum Land der Träume überschritten, alles um uns ist festgefügt, es lässt sich berühren, die Traumgestalten verflüchtigen sich nicht, und wenn man stolpert, tut es weh. Wir sind also trotz all dem Unglaublichen in der Wirklichkeit. Bruno Weber hat sie aus Beton und Eisen und Blech errichtet. Und all die verwunschenen Figuren, die wie Ausgeburten der sie umgebenden Natur wirken, sind seiner Fantasie entsprungen. Da erfindet einer die Realität neu. Ein Staunen und ein Entdeckungsvergnügen für unsere kindlich gewordenen Augen: Bruno Weber gibt uns unsere Unschuld zurück.

Über den Theaterplatz mit seinen Säulenkolonnaden – sie zeigen, welch «romantischer» Baustoff Beton sein kann – dringen wir weiter in Webers verwunschene Welt ein. Da kehren sich die Verhältnisse unerwarteterweise um: Nicht mehr die Fantasiegestalten am Weg scheinen der Märchenwelt entsprungen, sie werden schnell Teil einer selbstverständlichen Umgebung. Jetzt sind wir es, die Besucher, die sich wie Hänsel und Gretel, unsicher um uns schauend, vortasten und sich fragen, ob sie den Rückweg aus dieser verzauberten Gegenwelt wohl wieder finden.

Keine Bange: Einzelne Finger ragen aus der Erde und weisen den richtigen Weg. Zu staunen ist da nicht nur über den phantasmagorischen Formenreichtum der weitläufigen Anlage, zu staunen ist da auch darüber, dass das Ungewöhnliche in jenem Land möglich geworden ist, das das Gewöhnliche als Mass aller Dinge verehrt, in der Schweiz. Den betulichen Verwaltern einer auf Nutzen und Funktionalität versessenen Bauordnung hat Bruno Weber in jahrelanger Beharrlichkeit Bewilligungen und Zugeständnisse abgetrotzt; die Paragraphen hatten sich anfänglich wie eiserne Ketten um seine Fantasie gelegt und sie in die Schranken des Üblichen zurückzustauchen versucht. Mittlerweile hat die Imagination mit ihren verführerischen Blüten längst den Paragraphendschungel durchwuchert: Bruno Webers Träume sind endgültig Stein geworden. Beobachtet man heute, mit welchem Stolz die Spreitenbacher und ihre Behörden auf Bruno Webers Park als eine der wichtigen kulturellen Sehenswürdigkeiten unseres Landes hinweisen, so will es unsinnig erscheinen, dass es einst Leute gab, die Weber schwere Steine in den Weg legten, sein Projekt am liebsten verhindert hätten und den Baggerzahn aufbieten wollten. Begonnen hatte alles 1962 mit dem Gesuch für den Bau eines «Schönwetter-Ateliers» im damaligen Weinreben-Gelände. Dafür hatte Weber vom Gemeinderat die ordnungskonforme Baubewilligung erhalten. Doch so wie sich im kreativen Prozess ein Bild am andern entzündet, wie ein Gedanke einen andern auslöst, so wuchs in Bruno Webers Fantasie jede Bauform zu einer neuen aus, elf Jahre lang. Da lässt sich nicht einfach von Erweiterung des Gebäudes reden, der Atelierbau wucherte vielmehr aus, ganz so, als sei die Planung dem organischen Wachsen und Wuchern der Natur unterworfen. Weil aber das Baugesetz alles Organische mit dem Raster der Überprüfbarkeit bannen will, wurde der Künstler von der Behörde zur Ordnung zurückgerufen. Und das Ergebnis des amtlichen Hin und Her: Die erfreulich unschweizerische Legalisierung alles dessen, was da während eines Jahrzehnts aus Beton um das Gebäude herangewachsen war. Ein Freibrief für ungehemmte schöpferische Entfaltung durfte diese nachträgliche Sanktionierung nicht sein: Jeder Weiterausbau wurde behördlicher Bewilligungspflicht unterstellt. Doch Webers innere Bilder drängten heraus, seine Fantasie liess sich nicht bremsen, er fügte weiter Stein auf Stein, goss neue Säulen aus Beton. Dieses Weiterarbeiten, ausgeliefert dem unbändigen Drang, den aufsteigenden Gesichten greifbare Gestalt zu geben und flüchtige Fantasiebilder in unserer Realität festzumachen, dieses Weiterarbeiten hatte Folgen: Der Gemeinderat verordnete den Abbruch der Bauten. Er begleitete die Abbruchverfügung mit einem Strafverfahren wegen des Verstosses gegen das Baugesetz. Der Kunstfreudigkeit seines engagierten Anwaltes, Peter Conrad, und der vehementen Fürsprache zahlreicher Kunstsachverständiger ist es zu verdanken, dass nicht – wie üblich – die Regel durchgesetzt wurde, sondern die Ausnahme: Am 29. Januar 1988 erteilten die aargauischen Behörden eine generelle Baubewilligung für die ganze Anlage. Die Verteidiger hatten Beispiele aus verschiedenen Epochen der Kunstgeschichte herbeigeholt; sie verglichen Webers fünfzehntausend Quadratmeter grosse Fabelwelt mit dem grandiosen Figurenpark im italienischen Bomarzo oder mit dem legendären «Palais idéal» des Facteur Cheval im französischen Hauterives, und sie verhiessen der Gemeinde Dietikon eine architektonische Sehenswürdigkeit, zu den kommende Generationen mit Freude und Stolz pilgern werden. Und dass sie mit dieser Einschätzung recht behielten, das lässt sich jetzt schon, nur vierzehn Jahre später, an der Aufmerksamkeit ablesen, welche die Kunstwelt Webers Mythengelände schenkt, an den Publikationen darüber in vielen Ländern. Auf Kosten der Stanley Thomas Johnson-Stiftung und der Schweizer Kulturstiftung Pro Helvetia hat der Bühnenbildner Peter Bissegger sogar ein minutiös nachgebautes Modell des «Bruno Weber Parks» erstellt, das Harald Szeemann 1991 als einen der Schwerpunkte seiner Ausstellung «Visionäre Schweiz» im Kunsthaus Zürich zeigte. Damit war die künstlerische Bedeutung von Webers Tun ein- für allemal vor aller Welt «beglaubigt», und viele der einstigen Gegner wollen heute kaum mehr verstehen können, wie sie den Bau der Parkanlage zu verhindern versuchten. Sie haben dem Weinreben-Park den Namen «Bruno Weber Park» gegeben. Eingang in den Katalog schweizerischer Sehenswürdigkeiten hat Webers Park mittlerweile längst gefunden, auch wenn er noch lange nicht vollendet ist. Seit vierzig Jahren nun ist Webers Kunstgelände im Bau – «im Werden» ist diesmal eigentlich das treffendere Wort.

Der visionäre Bruno Weber ist Bauherr, Architekt und Bauarbeiter, unterstützt von zupackenden Freunden, von albanischen Arbeitern und vorab auch von seiner Familie. Seine Frau Mariann hat mit bewundernswertem Durchhaltewillen alles getan, was es auf einem Bauplatz zu tun gibt. Sie war – und ist – Kranführerin, sie hat die Negativformen hergestellt für den Betonguss, sie hat den ganzen Platz vor dem Haus mit der charakteristischen Kopfstein-Pflästerung überzogen. Und immer waren auch die beiden Töchter Rebecca und Mireille einsatzfreudige Mitarbeiterinnen. Längst haben es die Gesetzeshüter aufgegeben, Bruno Webers vorwärtsstürmenden Schaffensdrang zu dimmen, zu bändigen; ihr grünes Licht blinkt immer noch «Ja!» zu einem künstlerischen Vorhaben, das in seiner Kühnheit seinesgleichen sucht in unserem Land. Die Aufmerksamkeit, die Unterstützung und die Achtung, die Bruno Weber nun von einer neuen Generation von Beamten und Kulturverwaltern Spreitenbachs zuteil wird, erleichtern ihm das Leben und die Arbeit und verhelfen der Schweizer Öffentlichkeit zu einem künstlerischen Erfahrungsraum, den kaum einer als der verlässt, als der er ihn betreten hat.

Die offizielle Einwilligung von 1988 hatte Weber nach fünfundzwanzigjähriger Bautätigkeit endlich auch aus der Nische des belächelten Spinners herausgeholt, in die man ihn zwei Jahrzehnte lang verbannt hatte. Heute achtet man seine Eigenwilligkeit als Qualität und als Beleg für die Konsequenz und die Ernsthaftigkeit, mit denen er seine Pläne vorwärtstreibt. Da lebt uns einer Träume vor, Träume, die kaum jemand von uns mit solcher Insistenz zu realisieren wagen würde. Wir durchschreiten das aufragende Drachentor: Im Waldgarten und im Liebesgarten lädt eigenartiges Getier ein, sich für ein Weilchen niederzulassen. Ein vogelähnliches Rätselwesen reckt sein Gefieder, es will in Sommernächten Grill sein dürfen, auf dem die vegetarische Familie Weber ihre Maiskolben braten kann. Und wo der Weg unpassierbar ist, die Treppenstufen steil, da verbinden sich Tiere und Pflanzen zum Handlauf, der dem Wanderer das Gehen erleichtert.

Eigenartig, das Unheimliche, das Furchterregende, das im Märchenwald der überlieferten

Märchen Panik hervorruft, fehlt im Waldgarten des Bruno Weber Parks. Mensch, Tier und Pflanzenreich verbünden sich in dieser Welt, sie erzeugen ein Dickicht von Poesie, das selbst den Unwilligen aufnimmt.

Eine ganz andere – eine zusätzliche – Art von Bedeutung erhält Webers ausladendes Werk auch durch den Standort; nicht in einem abgeschiedenen Seitental des Alpenkamms liegt es, sondern dort, wo Wachstumseuphorie und Renditeplanung ihre Wunden in unsere Landschaft geschlagen haben: Vom Park aus öffnet sich der Blick auf die hochragenden, genormten Wohnmaschinen von Spreitenbach, auf die Waren-Hangare seiner Shopping-Centers, auf die Autobahn, deren graues Band die Höhenzüge des Limmattales umschnürt, auf Serienarchitektur, die jene Anonymität produziert, die oft Menschliches ausbleicht. In solcher Umgebung erst kommt Bruno Webers Werk zu heftiger Wirkung, es behauptet sich gegen das Einerlei gigantischer Betonblöcke als eine vitale Gegenwelt, deren Wertsystem anders funktioniert als nach dem alles regierenden Gesetz von Angebot und Nachfrage.

In einer Gegengeste gegen die Gesichtslosigkeit heutiger Architektur hat Weber ja Gedanken und Entwürfe zusammengetragen zu einer «Kopfstadt». Wo Tiere die Menschen einladen, es sich in ihrem Inneren bequem zu machen, wo der Kopf der Katze Wohnraum werden kann, die pyramidenförmigen dicklichen bärtigen Männer mit ihren Armen das schützende Vordach halten, damit wir uns in ihrem Leib willkommen fühlen, da ist der Geist der Kopfstadt vorauszuspüren. Ansätze zum bewohnbaren Kopf klingen durchaus schon in der Spreitenbacher Parkanlage mit. Wie weit das fantastische Lebensgefühl und dasselbe gestalterische Vorgehen beide Projekte miteinander verbinden, wird deutlich in Webers unvergleichlichem Satz: «Die Mäuler habe ich als Balkone konzipiert, die Augen geben ganz respektable Loggias ab, während die Nasenlöcher der Frischluftzufuhr dienen und die Ohren, wie es sich für einen wachen Kopf gehört, die akustischen Signale der Umwelt – im Fall der Karolineninsel die Laute der Seefauna – aufnehmen und mit oder ohne Verstärkung in die einzelnen Appartements weiterleiten. Die Räume der obern Regionen sind als Kontemplations- und Meditationszentrum gedacht. Verschlungene Gänge, ein Labyrinth, verbinden die einzelnen Wohnungen. Verwechslungen unter den Bewohnern sind an der Tagesordnung und sorgen für den Spass. Die Küchen wiederum liegen zentral, der Speiseröhre angeschlossen. Jeder angelt sich vom Küchenfenster aus, was er an Fischen in der Pfanne sehen möchte. Es herrschen schlaraffenlandähnliche Zustände». Diese listigen Anmerkungen Webers lassen sich durchaus auch als Schlüssel zum Gestaltungskonzept von Dietikon verwenden. Sie helfen, Webers naiv – und doch doppelbödig – verschmitzter Weltschau auf die Spur zu kommen.

Mahnmale sind es im Grunde auch, die Weber da in seinem Park aufgebaut hat: Sie ermahnen, uns in unserem Tun einzulassen auf die Zyklen der Natur, ernstzumachen mit den Korrekturen an einer Welt, die Erfüllung und Selbstverwirklichung nur noch in Form von abgestandenen Surrogaten zu schenken vermag.

Fortsetzung Seite 42

Eingangstor
zum Bruno Weber Park

Blick von der Terrasse auf die Hirschallee

Das Uri-Stier-Tor entstand in Zusammenhang
mit der Weltausstellung 1992 in Sevilla

Die 18 Meter hohe und 180 Tonnen schwere Eule mit Torso entstand für das Bibliotheksgebäude der Technischen Universität Wien. Ein weiterer Abguss wacht über den Theaterplatz im Park.

Die Hirsche als Lichtträger
säumen die Allee, die zum Theaterplatz
zu Füssen der Eule führt.

Spatzentische
auf der Vogelterrasse

links:
Blick von der Terrasse mit dem Kopfgeländer
und der kleinen Doppeleule auf den Wohnturm

Die ca. 4 Meter hohe Sphynx aus Color-Beton
bildet das kleine Tor, durch das man
zum grossen Tor schreiten kann.

23

Blick von der Terrasse mit der Hahnen-
gruppe auf das doppelgesichtige Tor

Triamel, die dreihöckrige Kamelbank

Doppelbank aus Holz
mit Blick auf den Theaterplatz
Auftragsarbeit für die Ausstellung «Bank-Art»
in Zürich 2001

Hähne vor dem Tag-und-Nacht-Tor

Innenhof mit dem Tag-und-Nacht-Tor. Foto: Hans Ruedi Stadtmann

Die Versammlung der Weisen im Hof

Monsterstühle vor den Wandmalereien mit
flötendem Pan, lauschender Maus und
Mensch-Löwe

Verschiedene Weise
am Theaterplatz

Wandmalerei am Ateliereingang
Bacchus auf dem Elefanten

Fassadendetails am Atelier
Monsterstuhl und die geschwätzigen Tiere

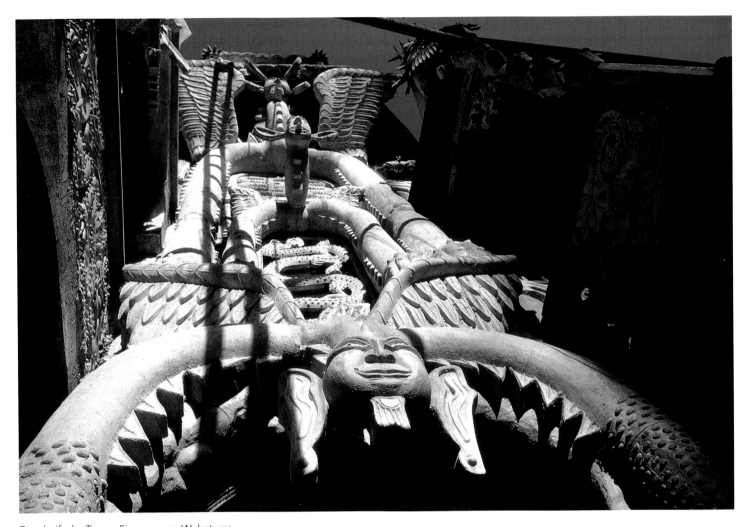

Das dreifache Tor am Eingang zum Wohnturm

Der Dreigesichtige als Säulenträger

Leuchtstelen vor dem Pavillon
mit Türmalereien der Tochter Rebecca

Fortsetzung von Seite 13

Das Wohnhaus, in dem sich auch Webers Atelier befindet, scheint viel eher gewachsen als gebaut. Es ist, als wuchere der Beton in filigranem Geflecht über die Fassade, als wachse er zum Turm, in welchem der Sternensaal Erdball und Firmament zusammenbringt. Was im Märchen geschehen kann, geschieht auch hier: Zwei Schlangen schwingen sich über den Teich; sie wollen als Brücken benutzt werden. Sie sind also praktisch. Und sie sind schön: Die energische Wellenlinie ihrer Körper berückt ebenso wie die von farbigem Keramikmosaik erzeugte Farbigkeit der Haut. Die Stühle, auf denen wir uns niederlassen, haben die Gestalt von Kobolden. Sie geben einen Hinweis auf das Spiel der Verhältnisse in Webers rätselvoller Welt: Die nützlichen Gegenstände transformiert Weber zu lebendigen Wesen – da darf sogar ein Alphorn die Gestalt eines Frosches annehmen – und menschliche Formen verschlingen sich zu Toren, Portalen, Balustraden. Geheimnisvolle Tiere übernehmen unübliche Funktionen: Im Buckel zweier Stiere ist Wohnraum ausgespart. Das «Stöckli» zitierend, in das sich im Bernbiet das Bauernpaar im Alter zurückzieht, nennt Weber die Behausung «das buckelgehörnte Stierstöckli». So nimmt das Organische alles Starre in Besitz, so wird – wenn sich Blumenblätter zum Frauenkörper fügen – der Mensch wieder eins mit der ihn umgebenden Natur. Ich werde den Eindruck nicht los, Weber versuche da, dem Wuchern und traurigen Welken der Natur sein Schnippchen zu schlagen: Er gibt ihr eine feste Form, damit sie bleibt. Die Blumenfrau welkt nicht. Sie ist aus Beton. Und das Erstaunliche: Weber korrigiert die Betonrasterwelt mit ihrem eigenen Material. Die meisten seiner Bauten und Skulpturen, genauer: seiner Bauskulpturen, sind aus Beton. Angesichts von Webers Umgang mit dem Material ist man versucht, eine Feststellung des Eisenplastikers Bernhard Luginbühl abzuwandeln. Weil sich aus Eisen sowohl Kanonen wie auch Kunstwerke herstellen lassen, hat Luginbühl das Werkmaterial eingeteilt in «Böseisen» und «Liebeisen». Auch aus Beton können zweierlei Dinge entstehen: sowohl die weltweit verbreiteten langweiligen Wohnkäfige als auch zaubrige Dinge wie Webers Skulpturen und das filigrane Geschlinge der Fassade seines Wohnhauses. «Liebbeton» also, und damit erreicht Weber tatsächlich, dass man sich als Besucher aufgefordert fühlt, das Vorurteil in sich auszurotten, Beton sei an sich schon ein gewalttätiger, ein feindlicher Baustoff. Weber zeigt, dass man mit Beton zaubern kann. Da wird das harte Material plötzlich weich.

Erstaunlich ist, dass er sich die Kenntnisse im Umgang mit dem Werkstoff Beton autodidaktisch angeeignet hat. Nur so ist zu erklären, dass er, seiner Neugier und Experimentierfreude folgend, Einsatzmöglichkeiten dieses Materials auszutesten wagte, vor denen ein orthodoxer Bauunternehmer zurückschrecken würde. Auch in die Gesetze der Statik hat er sich selber eingearbeitet. Ob der delikaten Gleichgewichte, dem machtvollen Aufrecken gewaltiger Körper, der spielerischen Balance des schweren Stoffes bleibt dem Besucher oft nur kindliches Staunen über das Gelingen des scheinbar Unmachbaren. Es vereint sich mit dem Staunen über die Produktivität der ausschweifenden Imagination, die all die beunruhigenden Lebewesen geboren hat.

Wenn Bruno Weber sein organisch erscheinendes Zauberreich aus jenem Beton baut, aus dem auch die Wohnblöcke und die gigantischen Shoppinganlagen des Limmattales gebaut sind, dann schlägt er die sich ausdehnende Normwelt mit ihren eigenen Mitteln. Nicht Holz und Jute als alternative Stoffe, nein, Beton, damit auch die Fantasie von Dauer sein kann. Auch dieser Gegensatz gehört mit zur Faszination, die einen vor den urweltlichen Wesen beschleicht. Etwa dann, wenn man sich am rotblauen Paradiesvogel niederlässt, der als Tisch gedacht ist, gleich neben dem Feuervogel mit dem grossen Schnabel und den beweglichen Flügeln, in dessen Bauch sich – der Name sagt es – leckere Dinge zubereiten lassen, oder wenn man sich in der Höhe der Baumkronen aufhält, in der Sitzgruppe auf dem Rücken der «Grossen Katze» im Wald. Den Eindruck von Geschmeidigkeit und Eleganz vermag Beton durchaus auch zu wecken, vorab im Schwung, mit dem sich die beiden Riesenschlangen über den Ententeich spannen.

Darin wird Bruno Webers gestalterisches System deutlich: Die Figuren sind nicht einfach darauf festgelegt, «schön» zu sein, sie sind zudem auch nützlich. Jede Skulptur hat so ihre Funktion. Im Innern von «Stier und Kuh», der acht Meter hohen Tiergruppe, lässt sich wohnen, und dies nicht unbequem mit elektrischem Licht und Cheminée. Die Beine der beiden Tiere fügen sich zu majestätischen Toren. Die Phantome auf dem Dach des Atelierhauses könnten auch Wasserspeier sein. Das Drachentor ist Skulptur und Durchgang von Welt zu Welt. Der geschlängelte Vielfüssler, der sich um die Wassergöttin im Hausbrunnen windet, dient als Geländer, die Figurenreihe der «Weisen» ist gleichzeitig Stützmauer und Sitzgelegenheit. Die Köpfe an den Treppen um den Brunnen sind Leuchten genau wie die Skulpturen der Allee, die zum Haupthaus hinführt. Es ist, als erzeuge da ein Künstler Natur: das anwendbare Korrektiv zur verordneten rationalen Norm.

Und hoch über Haus und Wald und Turm ragt – als spotte sie auf ihrem beängstigend schlanken Stengel den Gesetzen der Physik – die hundertachtzig Tonnen schwere Eule. Sie ist nicht einfach nur als Riesenskulptur gedacht. Das Kunstwerk soll in Webers Denken zu mehr taugen als nur dazu, Kunst zu sein: Eine atembeklemmend steile Treppe führt ins Innere der Eule hinauf. Die Skulptur wird so zum Beobachtungsposten, zum Ausguck über die Wälder, die am Albisgrat emporsteigen, über das Limmattal und die begrenzenden Hügel. Er gibt den Blick frei über jene grosse Welt, die von Angebot und Nachfrage reguliert wird, von «Shareholder Value», die grosse Welt, in der der Austausch von Ideen nach den Regeln des Geldumlaufes zu funktionieren hat, und jener kleinen Welt, in der die Kraft der Imagination allen jenen Dingen zum Leben verhilft, die wir üblicherweise aus unserem durchmerkantilisierten Alltag verbannen müssen. Und: Der Blick von dort oben verleitet zu Gedanken über den Gegensatz von «Bösbeton» und «Liebbeton», über das Widerspiel von Imagination und Kalkül und über die Durchlässigkeit der Grenzen zwischen den beiden Welten, die zwischen Dietikon und Spreitenbach aneinanderstossen. Das Innere der Architekturlandschaft am Fusse der titanischen «Eule», die Einbauten in die von Kolonnaden begrenzte Raumfolge am Theaterplatz werden dereinst das Museum beherbergen, in dem Weber die Keramikarbeiten seiner Mutter ausstellen will.

Was da Totempfähle sein könnten, sind nicht nur dies, sondern die Stützen der zweigeschossigen Arkadenreihe vor der Fassade des Atelierhauses. Meerjungfrauen als Karyatiden, Feenwesen, Koboldsgelächter, eingebunden in organisches Quellen. Sie geben den stabilen Bau der Fantasie zurück, aus der er stammt. Als halte das Gebäude Zwiesprache mit den Bäumen des Waldes: aufgehoben die Gegensätze, auch jener von Aussen und Innen. Und dieser eine irritiert bestürzend: Der sternenförmige Spiegel im obern Stock ist tatsächlich der einzige mir bekannte Spiegel, in dem man, wenn man hineinschaut, das sieht, was man sähe, wenn man herausschauen könnte. Sogar da spottet Webers magische Hand den Gesetzen der Physik und jenen der optischen Wissenschaft. So habe ich mir als Kind den Palast des Sultans von Oman vorgestellt, Tausendundeine Nacht durchsetzt vom Formenschatz der Azteken. Mexiko ins alte Indien verlegt? Aber Bruno Weber liesse sich nicht auf solche einengende Kunstgeographie festlegen: durchsetzt vom Formenschatz von allem.

Die Funktionalisierung der Formen setzt sich fort im Innern von Webers Palast. Naturform wird hereingeholt – von aussen – in den Raum. Genau wie Kunstform in die Natur getragen wird. Die eigenwillige Bauform findet ihre Entsprechung in einer irritierenden Innenarchitektur. Die Räume und ihr Schmuck scheinen zugeschnitten auf den Lebensstil und die Gefühlswelt des Entwerfers wie ein steinernes Kleid. Der in seiner Leibesfülle an eine Buddhafigur erinnernde «Saalmeister» im oberen Speisesaal umschliesst mit seinem Körper den Gläserschrank. Mariann Weber-Godon hat für das Speisezimmer des Erdgeschosses einen Mosaikboden entworfen, den sie selber verlegt und mit dem «Entwirrspiel» eines bedeutungsreichen Labyrinths versehen hat. In einem der Mythenwesen, die diesen Essraum zur Szenerie für eine surrealistische Inszenierung der «Zauberflöte» machen, windet sich die Wendeltreppe ins obere Stockwerk. Dort im Bauch der Riesenskulptur mit den vielen Brüsten rattert der Küchenlift: Fruchtbarkeitssymbol mit moderner Nutzbarkeit. Das «Beet mit Hecke» aus Beton ist das Bett, in dem die Webers schlafen, das gleissende Sonnensystem mit den Planeten dient als Schlafzimmerbeleuchtung. Die mit Tausenden von Keramiksplittern bestückte Rauminstallation der Tropfsteinhöhle ist als Badezimmer nutzbar. Oder ist es umgekehrt? Das Badezimmer als Tropfsteinhöhle. Zweckfrei ist die Bildnerei hier nie. Dieses Widerspiel der Bedeutungen und Funktionen stellt sich bei fast jeder Skulptur, bei jeder Installation, jedem Environment ein. Und es unterscheidet Webers Lebensraum von anderen Bauräumen der Kunstgeschichte. Schwitters Merz-Bau beispielsweise wollte nur Kunstraum sein.

Die Plastik des aufgerissenen Mauls eines Titanenkopfes draussen am Weg ist gleichzeitig das Eingangstor, durch das wir Bruno Webers verwunschene Welt betreten haben. Dies alles versetzt uns zurück zu den Anfängen aller Kultur: Dem Nützlichen gestaltete Form geben, dem Gestalteten eine Funktion. Die Welt so besessen gestaltend durchdringen, das heisst auch: Eins zu sein mit seiner eigenen Welt.

Vom Sternensaal aus im dreissig Meter hohen Wohnturm über dem Haus geht der Blick bis zum Üetliberg: «Sichtverbindung mit meiner Dépendance», lächelt Bruno Weber. Die Kuppe beim

Uto-Kulm ist von seinen Legendenwesen bevölkert. Der Hirsch mit dem leuchtenden Geweih, der Hildegard und Berta, der Legende nach, zum Fraumünster geleitet hat, darf hier nun wieder Lampe sein. «Seit die leuchtenden Üetli-Hirsche über Zürich wachen, schlafe ich in der Stadt viel ruhiger ein», dieser Satz aus einem Leserbrief ist Weber Beleg für die Wirkung seines Tuns und für die bergende Kraft der Mythen.

Freilich, Weber zehrt vom weltweiten Inventar der Fabelwesen, aber er setzt aus ihren Teilen neue Kreaturen zusammen. Er illustriert nie überlieferte Legenden, bildet nicht ihre Feenwesen nach. Er verunsichert die beflissenen Systematiker, die in der Formenvielfalt des Areals ein verbindliches Formen- und Zeichenprogramm abzulesen versuchen. Mit dieser Art von Akribie lässt sich Webers ungezügelter Einfallsreichtum nicht bändigen. Er mischt Elemente aus der Sagenwelt aller Erdteile, lässt Merkzeichen und Archetypen vielerlei Kulturen sich durchwuchern, ineinandergreifen. Bruno Weber ist nicht einfach Künstler, er ist ein Mythenbildner. Und trotzdem ist der Besucher, der in dieser Vielfalt ordnenden Halt suchen will, dazu verführt, die Zeichen und das Formenarsenal fremder Kulturen zu identifizieren. Ganz so, als hätte ein beflissener Sammler, den Figurenschatz indischer, balinesischer, yukatekischer Mythen hier in Spreitenbach zusammengetragen. Dieser Sammler ist Bruno Weber nicht. Im Gegenteil: Er ist ein Künstler. Er lässt sich anregen, aber er plündert nicht einfach den Legendenvorrat anderer Völker, um daraus seine eigene fantastische Weltidee zu destillieren. Bruno Weber erfindet Figuren, er ersinnt Symbole und gibt seinen Gestalten eigene Bedeutungen. Wie gesagt: Da ist ein Mythenbildner am Werk, einer, der fähig ist, seine eigene Welt zur Welt zu machen für viele. Bruno Weber ist auch nicht der grosse Reisende, der sich bei der Begegnung mit fremden Kulturen zu seiner Bildnerei anregen lässt. System hiesse für ihn Enge. Deshalb greift da alles in alles ein, auch Mensch und Tier vereinen sich unter Webers Händen zu einem dritten Wesen. Er formt nicht Gesehenes und Erlebtes nach, er erfindet, was er uns vor Augen führt: das «Bogentier» etwa, das den Sternensaal trägt, die «Fingerwesen», die den Waldrand bewachen und den Weg nach oben weisen. Als Erfinder dieser Formen kann Bruno Weber guten Herzens sagen: «Es sind meine Figuren», denn er hat sie nicht nur geformt, er hat sie ersonnen.

Und einen Reiz spürt Weber während der Arbeit ganz heftig, den Drang, Verwandtschaften zu stiften zwischen den Wesenheiten ganz verschiedener Inspiration, unterschiedlicher Herkunft: So kann denn der mexikanische Quetzalquatl, die Schlange mit ihrem Federkleid, durchaus eine Verwandte von Mozarts Papageno sein und ein Delphin der Sohn des Elefanten, so darf sich die afrobrasilianische Meeresgöttin Jemajà in den Geissbach am Parkrand verirren, der als Kantonsgrenze das aargauische Spreitenbach vom zürcherischen Dietikon trennt. In diesem Nebeneinander und Ineinander der disparatesten Elemente wird der Bruno Weber Park zu einer veritablen Enzyklopädie der Zeichen, und das heisst: der Bedeutungen, die in ihnen stecken. Aber Achtung: Die Zeichen sind Webers eigene Zeichen, auch wo sie einem Amalgam unterschiedlicher Sagenwelten entspringen, und die Bedeutungen sind – nicht in der überlieferten Literatur konsultierbare, sondern jene, die Weber selber ihnen gibt.

Erfüllt von seinem «feu sacré» baut Bruno Weber an seinem Weltgarten immer weiter. Gegenwärtig kann das Entstehen des Wassergartens mitverfolgt werden, einer Teichanlage, um die sich (sage und schreibe:) 105 Meter lange Tausendfüssler – Weber nennt sie bescheidener Vielfüssler – winden. Aus den Rüsseln und den Stosszähnen von Elefanten wird das Wasser bald in den künstlichen See schiessen, der auch als Bühnenfläche eines Amphitheaters genutzt werden soll. Erde, Wasser, Luft, jedem dieser Elemente wird ein Lebewesen zugeordnet sein, Vögel und Seepferdchen ergänzen die Gästeschar dieser steinernen Arche. Wie Abgesandte aus einer sehr fremden Zeit, in der Ahnen und Glauben verbindlicher waren als Wissen und Messen. Alle Gegensätze sollen sich vereinen, sie sollen zusammenfliessen können in dieser Wasserlandschaft. Eine Formenfülle, die jenem gefährdeten Grenzbereich entstammt, in dem Wasser und Erde, Mensch und Tier, Natur und Technik noch nicht voneinander geschieden waren. Und wenn dereinst die titanische Raupe am Ufer dem Vielfüssler gegenübersteht, wird Weber auch dem Hauptsymbol der ganzen Anlage seine Form gegeben haben: Raupe, Puppe, Schmetterling, der «Verwandlung» in allen ihren Formen will Bruno Weber mit seinem poetischen Gestalten nachspüren. Der Verwandlung des Starren ins Organische, des Aggressiven ins Entspannte, des Terminators in den Engel.

«Was sind die weiteren Ausbaupläne?», wage ich zu fragen. Bruno Webers Antwort: «Der graue Beton wird farbig werden!» Nein, er wird nicht bemalt, Weber mischt die Farbe dem Beton bei. Farbe, nicht von aussen aufgetragen, Farbe von innen. Es geht ihm um die Sensibilisierung aller Sinne. Sie alle meint er, auch wenn er nur vom Auge spricht und wenn er sein Tun mit der Wirkung eines Scheibenwischers vergleicht: «Es gilt jeden Tag die Augen zu reinigen, damit wir die Staubschicht darauf wegbringen».

Und Webers Fantasie wirft weiterhin Figuren aus, unbekümmert um den Stand der Kunstentwicklung, unbekümmert um die Ikonografie, die der Zeitgeist zur Verfügung stellt. Ja, Webers Welt ist nicht aus dem Zeitgeist entstanden, sondern als heftige Reaktion auf ihn – und auf den Bauboom, der Gehäuse für Normmenschen hervorbringt, auf die «Coolness» einer Postmoderne, die Staunen und Pathos verbietet, weil das Spielerische die geforderte Beherrschtheit aufweicht.

Und weil der Besucher da nicht einfach übernommene Formen oder Allegorien rekapitulieren kann, fällt jeder Versuch schwer, Webers Kunstraum, Webers Lebensraum einer Stilrichtung, einer kunstgeschichtlichen Entwicklungsstufe zuzuschreiben. Nicht einmal den Cyber- und den New Age-Aliens zahlt er seinen Tribut. Mit Beharrlichkeit betreibt da einer seine Selbstverwirklichung, indem er radikal seine eigenen Visionen umsetzt, ohne den Zwang zu spüren, sich von Knotenpunkt zu Knotenpunkt dem Strang der Kunstentwicklung entlanghangeln zu müssen. Unbekümmert um das Diktat von Zeitgeist und Epochenästhetik hält er nur sich selbst die Treue beim Ausführen einer Arbeit, die nicht mehr und nicht weniger als das Gesamtkunstwerk zum Ziel hat: Kunst, die gelebt werden soll. Und wenn alle Zeiterscheinungen Bruno Weber bei seinem Tun wenig kümmern und wenig stören, so mag doch jener Theoretiker recht behalten, der feststellte, die Anlage des Bruno Weber Parks sei Kunst, die zu allen Zeiten – also immer – und in allen Kulturkreisen – also überall – gemacht und verstanden werden könne. Und das Adjektiv «modern» korrigiert er zu: sowohl alt als auch neu.

Webers Bestreben, alle Gegenstände, alle Erscheinungsformen des Lebens mit seinem unbändigen Gestaltungswillen, seiner Gestaltungsgier, zu durchdringen, seine ästhetische Radikalität hat im Park zu einem Gesamtkunstwerk geführt, das Kunst belebbar und bewohnbar macht und Lebensraum zum Kunstwerk. Da wird Leben eine Kunstform. Denn Bruno Weber schafft nicht einfach Kunst, er lebt sie. Und er ermöglicht uns, es ihm für die Dauer des Aufenthaltes gleichzutun. Ganz abschütteln lässt sich dieser schöpferische Lebensreiz wohl auch dann nicht mehr, wenn der Besucher längst in seinen gewohnten Büroalltag zurückgekehrt ist. Und eines zeigt sich immer wieder: Webers Welt ist kein abgeschiedener Schutzraum der Imagination, kein Ghetto, kein umhegtes Reservat der Fantasie, denn sie steht in dauerndem Sichtkontakt mit der hochtechnisierten und vollelektronisierten Zivilisation, ist der Horchposten, von dem aus Weber auf alles reagiert, was heute um uns ist. Nicht Flucht ist es aus einer ungeliebten Welt in eine private Zauberwelt: Es ist tatkräftige Korrektur, Inbetriebnahme alles dessen, was unsere genormte Welt als letztrangig vernachlässigt.

Beim Abschied vom Bruno Weber Park stellt der Besucher die Veränderung fest, die ihm – möglicherweise unwillentlich – geschehen ist. Er verlässt den Ort, diesen mythischen Hain der kindlichen Lauterkeit und des versuchten Einklangs aller Gegensätze als ein Sensibilisierter: Er hat das Widerspiel zwischen Natürlichkeit und Künstlichkeit neu durchlebt, eben weil die Künstlichkeit von Webers Weltgarten den Wandel der Natur stets einbezieht. Dies zu erkennen, dazu braucht es nicht einmal den Blick hinunter ins Limmattal, wo die Künstlichkeit baulicher Normen Beschädigung ist dessen, was die Natur in Gang bringt.

Bruno Weber lädt uns ein in einen Erlebnisraum, in dem Erfahrungen zu machen sind, die anderswo kaum möglich werden, Erfahrungen von einer Intensität, als sei jene nahe Welt ganz weit weg, in der Gefühle und Gedanken nach den Regeln des Geldverkehrs zu funktionieren haben. Erfahrungen, die wir nur in phantasmagorischen Träumen gemacht haben, werden uns hier nun plötzlich zum leibhaftigen Erlebnis. Schon am Stadtrand des nüchternen Zürich wird der Traum irritierende Wirklichkeit. Eine Welt wie gewachsen aus der Natur: steingewordene Fantasie. Wo wir Durchschnittsmenschen ein Leben lang davon träumen, unseren grossen Traum endlich zu realisieren, hat Bruno Weber seinen Traum nicht nur verwirklicht, er hat ihn mit eigenen Händen gebaut und bewohnbar gemacht.

Es gibt wenige Träumer, die so handfeste Praktiker sind wie Bruno Weber, die sich in die Baumaterialienkunde vertiefen, in die Gesetze der Baustatik, damit das scheinbar Unmögliche möglich werden kann: Bruno Weber ist der Architekt seiner eigenen Träume.

Essraum mit Labyrinth und vierköpfigem Fisch als Grilltisch

Badezimmer mit Sonne und Badewannendetail

Das Blätterzimmer
(Schlafraum) mit Papagena
und Papageno
Foto: H.R. Bramaz

Der achteckige Sternensaal in variierender
Farbgebung als Ort der Kontemplation.
Keramikmosaik: Mitarbeit der beiden Töchter
Rebecca Weber und Mireille Flütsch

Die besteigbare, ca. 5 Meter hohe Katzenskulptur dient als Apéroplatz. Sie ist eine der ältesten Figuren im Waldgarten.

Bruno Weber im Inneren der Katze, die mit Mosaik ausgelegt ist.
Im Kopf der Katze befindet sich ein Kühlschrank.

Mariann Weber-Godon auf der Katze

Blumenfrau mit Kind –
eine Symbiose von Natur und Beton

Paradiesvogeltisch mit seinen
Vogelfuss-Hockern und der Grillskulptur
«Feuervogel»

Künstliche Perspektive der Wohnskulptur.
Vorstudie zum Stierpavillon

Stierpavillon mit Glaskuppel
als Wohnskulptur

Drachengeländer im Wald

Zeus als Stier

Der Schlangensteg
zu den verschiedenen Jahreszeiten

Frösche am Weiher

Der Künstler mit Kakadu-Gruppe und der Blumenfrau

Pfauentisch mit Vogelfuss-Hockern

Kakadu-Schaukel

Schnecke

Schneckenpaare als Einfassung
am Waldgarten

Einhorn und Reiter mit den «Vincis» als Hagläufer

Monsterstuhl und Panstühle

Männliche und weibliche Seite
des Drachentors im Spiel
der Balance

Seepferde vor dem Flügelhund

rechte Seite oben:
Mariann Weber-Godon bei Malarbeiten
am Drachentor

unten:
Geflügelter Drachen im zukünftigen Weiher.
Im Hintergrund Pyramidenzelt
und Wohnturm

Die Flügelhunde mit dem Pyramidenzelt

Der Künstler zwischen den Hundebeinen –
jedes etwa zweieinhalb Tonnen schwer

Bruno Weber auf der «Maul-Brücke» der beiden Flügelhunde

Auge eines Flügelhundes

Ritt des Vogelmenschen auf dem Einhorn

Das Künstlerpaar vor dem Einhorn
an der Ausstellung am Bahnhof Stadelhofen,
Zürich 2000

Modell des Wassergartens für die von Harald Szeemann kuratierte Wanderausstellung
«Visionäre Schweiz», Kunsthaus Zürich 1991/92/Madrid 1992/Düsseldorf 1992.
Masse: 6 x 4 m
Ausführung: Peter Bissegger
Besitz: Kunsthaus Zürich
Standort: Monte Verità, Ascona

Bruno Weber

Bruno Weber, geboren 1931, ist Kunstmaler, Zimmermann, Bildhauer, Maurer, Maler, Plattenleger, Gipser, Kreiselbauer, Architekt und Erfinder. Nur so konnte die eindrucksvolle Welt des Parks in Dietikon bei Zürich entstehen.

Von 1947 bis 1949 besuchte er die Kunstgewerbeschule in Zürich; es folgten Studienreisen nach Italien, Griechenland und in die Tschechoslowakei.

1962 begann er mit dem Bau des Wohnhauses und des Ateliers, ab 1969 entstanden die ersten Skulpturen für den Park. Seither arbeitet er mit Hilfe seiner Frau Mariann und des langjährigen Mitarbeiters Roland Graf sowie weiterer Helfer an diesem «work in progress», in dem sich Fantasie und Natur miteinander verbinden und unserer Wirklichkeit neuen Zauberglanz verleihen.

In Zusammenarbeit mit dem Zürcher Architekten Justus Dahinden entstanden in den 1970er Jahren Skulpturen für das Restaurant «Tantris» in München.

Für das Bibliotheksgebäude der Technischen Universität am Karlsplatz in Wien schuf Bruno Weber 1984 im Auftrag der Republik Österreich eine 18 Meter hohe Eulenskulptur. Zwischen ihren Flügeln befindet sich der Leseerker. Zwölf weitere Eulen hocken als Simsfiguren auf dem Gebäude.

International bekannt wurde Bruno Weber durch die Weltausstellung in Sevilla 1992. Für den Schweizer Papier-Pavillon gestaltete er den Eingang mit dem Drachentor, im Inneren des Turmes standen die leuchtenden Hirsche, aus der Höhe sahen die Eulen auf die Besucher hinab.

Auf dem Üetliberg bei Zürich gestaltete Bruno Weber 1991 den Platz auf dem Uto Kulm. In der Platzmitte bewacht die Spinne den Brunnen unter ihrem Leib, vier Jungspinnen speien nach allen vier Himmelsrichtungen das Wasser.

Auszeichnungen

1977 Werkjahr Kanton Aargau
1983 Werkbeitrag Kuratorium Kanton Aargau
1983 Werkbeitrag der Eidgenössischen Kunstkommission
1987 1. Preis Wettbewerb Kirchplatzgestaltung, Zentrum Dietikon
1999 Projekt für eine Platzgestaltung in Bülach
1999–2001 Werkbeitrag Migros Kulturprozent

Öffentliche Arbeiten

1999 Spielplatz Pestalozzi Kinderdorf, Trogen
2000 Verkehrskreisel in Widen/Aargau. Eine doppelgesichtige und zwei weitere Eulen wachen auf drei ca. 16 Meter hohen Säulen über den Verkehr.
2001 «Seepferde» für die Schulanlage in Bremgarten bei Bern

Wichtigste Ausstellungen

1979 Aargauer Kunsthaus, Aarau
1980 Schweizerische Plastikausstellung, Biel
1981 «Bildnis des Menschen unserer Zeit», Säckingen und Nürnberg
1991 «Visionäre Schweiz», Kunsthaus Zürich
1992 Weltausstellung in Sevilla
1992 «Visionäre Schweiz», Reina Sofia, Madrid
1992 «Visionäre Schweiz», Kunsthalle Düsseldorf
1994 «Phantastische Kunst», Kulturzentrum Zitadelle, Venedig
1995 Seedamm Kulturzentrum, Pfäffikon
1997 «Na-Tour 97», Skulpturenweg, Hitzkirch
1999 Einzelausstellung im «down town», Bahnhof Stadelhofen, Zürich
2001 Skulpturenausstellung, Kulturpalast Reineck

Peter K. Wehrli

Geboren 1939. Studium der Kunstgeschichte in Zürich und Paris.
Drehte Filme mit Andy Warhol, Robert Rauschenberg, Jean Tinguely, Bernhard Luginbühl.
Vizepräsident des eurobrasilianischen Kulturzentrums «Julia Mann» in Paraty, Brasilien.
Während drei Jahrzehnten erstellte Wehrli seinen «Katalog von Allem», der den Abonnenten in Einzellieferungen für einen Ordner zugestellt wurde.
Als Buch erschien der «Katalog von Allem» im Verlag Albrecht Knaus in München.
Ergebnis einer Eisenbahnfahrt von Zürich nach Beirut im Libanon ist der «Katalog der 134 wichtigsten Beobachtungen während einer langen Eisenbahnfahrt», der vier Jahre vor der deutschen Buchausgabe in Südamerika englisch publiziert wurde.

Seine neuesten Bücher sind:
«Eigentlich Xurumbambo», ein Grundbuch, und «Der Schweizer Katalog»
In portugiesischer Übersetzung erschien «Der brasilianische Katalog» 2000 in der Editoria Stahli, Recife, Pernambuco, Brasilien.
Der Verlag *Los Amigos del Libro* in Cochabamba, Bolivien, bereitet die spanische Publikation von «Der lateinamerikanische Katalog» vor.

Umschlagabbildungen:
vorne: Sternenzimmer, Foto: Reto Gundli
hinten: Spatzentische auf der Vogelterrasse, Foto: Robert Elter

© 2002 Bruno Weber und Benteli Verlags AG
© 2002 für die Fotografien: Robert Elter, Zürich
© 2002 für den Text: Peter K. Wehrli, Zürich
Gestaltung: Arturo Andreani, Benteli Verlag
Lektorat: Christine Flechtner, Benteli Verlag
Fotolitho und Druck: Druckerei Ernst Uhl & Co. KG, Radolfzell am Bodensee

ISBN 3-7165-1263-X

Benteli Verlags AG
Seftigenstrasse 310, CH 3084 Wabern/Bern
Tel. (+41) 031 960 84 84; Fax (+41) 031 961 74 14
info@benteliverlag.ch; www.benteliverlag.ch

So findet man den Bruno Weber-Park (Weinrebenpark)

Öffentliche Verkehrsmittel:

Ab Zürich Hauptbahnhof
S-Bahn Nr. 12 bis Dietikon

Bus 303 bis Haltestelle Gjuchstrasse

Zu Fuss ist der Bruno Weber-Park ab Haltestelle Gjuchstrasse in ca. 10–12 Minuten erreichbar (Wegweiser Richtung Stadthalle)

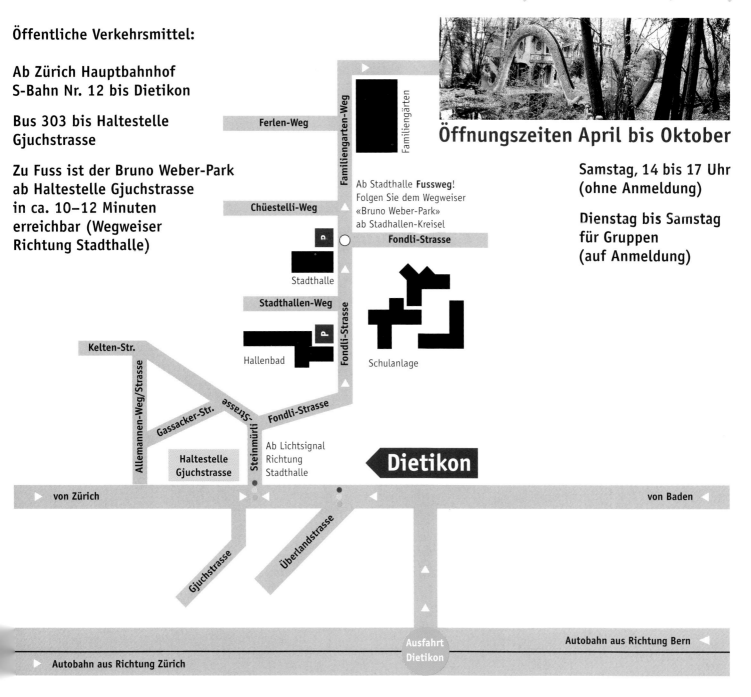

Öffnungszeiten April bis Oktober

Samstag, 14 bis 17 Uhr
(ohne Anmeldung)

Dienstag bis Samstag
für Gruppen
(auf Anmeldung)

Familiengärten

Ferlen-Weg

Familiengarten-Weg

Ab Stadthalle **Fussweg**!
Folgen Sie dem Wegweiser
«Bruno Weber-Park»
ab Stadhallen-Kreisel

Chüestelli-Weg

Fondli-Strasse

Stadthalle

Stadthallen-Weg

Fondli-Strasse

Kelten-Str.

Hallenbad

Schulanlage

Allemannen-Weg/Strasse

Gassacker-Str.

Steinmürli-Strasse

Fondli-Strasse

Haltestelle
Gjuchstrasse

Steinmürli

Ab Lichtsignal
Richtung
Stadthalle

Dietikon

von Zürich

von Baden

Gjuchstrasse

Überlandstrasse

Ausfahrt
Dietikon

Autobahn aus Richtung Bern

Autobahn aus Richtung Zürich